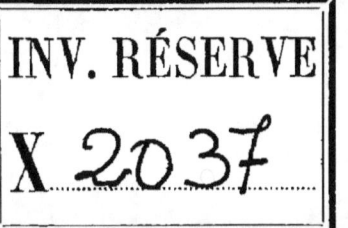

LE IARGON
OV LANGAGE DE
l'Argot Reformé.

COMME IL EST A PRESENT EN vfage parmy les bons pauures.

Tiré & recueilly des plus fameux Argotiers de ce Temps.

Compofé par vn pillier de Boutanche, qui maquille en mojache en la Vergne de Tours.

Augmenté de nouueau dans le Dictionnaire de mots plus fubftantifs de l'Argot, outre les precedente impreſsions, par l'autheur.

A TROYES,
Par IVES GIRARDON, Rue noſtre
Dame, au Chapon d'Or, 1660.

LE GRAND COESRE
auec sa Marquise.

Aux Argotiers.

QVATRAIN.

IE suis ce fameux argotier,
Le grand Coësre de ces Mions,
I'enseigne à rucher & doubler,
Dedans les boulles & freniors.

PREFACE.

CE grand Dieu tout puissant est autant ou plus admirable, en la protection & conservation de ce grand Vniuers, qu'il à esté en la Creation & facture d'iceluy, quãd par son immense & admirable bonté, il va conseruant l'estre qu'il à donné à chacune spece crées, mais particulierement le soin qu'il à de son animal raisonnable, ch f d œuure de ses mains ie veux dire l'homme créé à son image & semblance est du tout incomprehensible Ie ne veux point icy parler de cette prouidence, par laquelle il va paissant, nourrissant & conseruant les Roys & Princes de la terre, pource qu'ils ont comme des petits Dieux, les fils aisnez & lieutenant du grand Dieu sur terre. Ie ne parle point non plus de cette prouidence qu'il à de nourrir les Marchands, pource qu'il semble que la nature leur doiue cela pour recompense de leurs peines & trauaux qu'ils ont iour & nuit, sur mer & sur terre. Encore moins de cette prouidence & soin paternel, qu'il à de nourrir & vestir tant milliers de bons Religieux qui oublient & negligent leur necessitez corporelles pour s'unir du tout à Dieu, pource que ceux la semble forcer & contraindre leur maistre par

A ij

leur saincte vie de leur donner leur necessitez. Mais ce qui est digne d'admiration est que ce bon seigneur nourrit & repaist vn nombre innombrable de pauures gueux qui ont si peu de soin de le prier, gens qui n'ont rien & ne trouue point de pire pays que leur, qui ne desire rien moins & ne haissent rien tant que de trauailler entre le repas.

Si le Philosophe Epicure estoit de ce teps il auroit trouué des disciples digne de luy, car ils pratiquent fidellemēt la doctrine qu'il enseignoit ancienuement, pource que leur felicité & plus grand contentement n'est que de faire grand chere & ne trauailler point.

La necessité qui est l'inuentrice des arts & sciences à fait inuenter vn moyen & inuention à ces bons pauures propres pour auoir de quoy faire, lequel mestier s'appelle Trucher ou argoter le plus franc le plus aisé à aprendre, & qui mieux nourrist son Maistre, que l'on sçauroit desirer qui ne paye n'y taille, ny tribut au Roy, qui viuent dés le premier iour de l'estat, & ont encor de l'argent de reste, qui ne font point de pain benist en leur parroisse & ne logent point de gens d'armes chez eux. En vn mot l'argot rend ses escollier si admirables, si sçauans & vertueux que c'est comme vn compendion ou abbregé de toutes les autres sciences & vertus.

Premierement l'humilité vous la verrez particulierement reluire en ces Soldats, qui allans à la guerre, vous n'y remarquerez rien moins qu'un visage furibond & affreux, iurans, frappans & vomissans un torrens d'iniures contre ces pauures paysans ou ils sont logez: Mais ò merueilles! lors que les licentiez ils s'en reuiennent, vous les verrez les plus humbles, les plus doux & affable le chapeau au poing auec des parolles capables de fendre les rochers s'ils estoient susceptibles de raison, disant auec grande humilité Hé! pour l'amour de Dieu, ayez compassion de nous. En apres vous verrez paroistre la sobrieté en ces personnes qui auront plus vescu que leur bien & auront esté deualizez en la forests d'Angoulesme, au lieu qu'ils deuoient faire grand chere durant leur prosperité, vous les verrez se contenter d'un double ou morceau de pain O Argot admirable, puis que tu es l'azille & refuge de tous ceux qui ne sçauent plus de quel bois faire flesche Les emulateurs & enuieux de l'argot disent qu'il y a un arrest par lequel les argotiers sont obligez d'endurer beaucoup de froid durant l'hyuer, mais ils en ont appellé aux grands iours,

Sonnet Acrostiche.

O Argot incomparable ?
L'appuy de tous les souffreteux,
Le confort des miserables.
Indigens & necessiteux.
Viue l'argot & tous les Gueux,
Ie veux que le trauail soit bon,
Encor est il vn peu fascheux,
Renfermé dans vne maison,
Cela n'est il pas ennuieux ?
Ha viue l'Argot & tous les Gueux,
Nôtre Soldat est honorable,
Releué iusques dans les Cieux,
Et l'argotier est delectable,
Aussi la cuisine vaut mieux,
Viue l'Argot & tous les Gueux.

L'ORIGINE DES ARGOTIERS.

L'Antiquité nous apprend, & ſes Docteurs de l'argot nous enſeignent qu'vn Roy de France ayant eſtably les Foires à Nyor Fontenay, & autres villes de Poitou, pluſieurs perſonnes ſe voulurent meſler de la mercerie, pour à quoy remedier, les vieux merciers s'aſſemblerent & ordonnerent que ceux qui voudroient à l'aduenir eſtre merciers, ſe feroient receuoir par les anciens nommans & appellans les petits mercelots, pechons les autres Blesches, & les plus riche merciers, coeſmelotiers hurée Puis ordonnerent vn certain langage entr'eux, auec quelques ceremonies pour eſtre tenus par les profeſſeurs de la mercerie Il arriua que pluſieurs merciers mangerent leurs balles, neantmoins ne laiſſerent pas d'aller aux ſuſdites foire ou ils trouuerent grande quátité de pauures gueux, deſquels ils s'accoſterent, & leur appridrent leur langage & ceremonie. Les gueux reciproquement leur enſeignerent charitablement à mandier. Voila d'où ſont ſortis tant de braues & fameux Argotiers qui ordonnerent vn tel ordre qui s'enſuit.

ORDRE OU HIERACHIE DE L'ARGOT.

Premierement ordonnerent & establirent vn chef ou General, qu'ils nommerent le grand Coësre. Quelques vns le nomment Roy de thunes, qui est vne erreur, car c'est qu'il y à en vn homme qui à esté grand Coësre trois ans, qu'on appelloit Roy de Thunes qui se faisoit traisner par deux grands chiens en vne petite charette, lequel à esté executé dans Bourdeaux pour son mal fait. En apres ordonnerent en d'aucune prouince vn lieutenant, qu'ils nommeroit Cagous les Archisuposts de l'Argot, les Narquois, les Orphelins, les millards les Marchandiers, les Rifodez, les Malingreux, les Cappons, les pietrres les Pollissons les Francs mittoux, les Callos, les Sabouleux, les Hubins, les Coquillards courtales de Boutanche, & les conuertis tous subjets du grand Coësre excepté les Narquois qui ont secoué le ioug de l'obeissance.

DICTIONNAIRE ARGOTIQVE
dressé par ordre alphabetique.

Artie,	signifie du pain
Artie de meulans	du painc blanc
Artie du gros guillaume,	du pain noir
Artie de grimault,	du pain chandy
Auergos	des œufs
Angluces	vne Oye
Abbaye ruffante	vn four chaud
Abloquir	acheter
Antroller	emporter
Ambier	fuyr
Attrimer	prendre
Afluer	tromper
A quiger	faire
Andosse	l'eschine ou le dos

Abbaye de mon regret, vne potence
Amadoue, c'est dequoy les argotiers se frottent pour se faire deuenir iaunes & paroistre malades.

B

Barbaudier du castu, le gardien d'vn hospital.

Babillard,	vn Ministre
Baccon	vn pourceau
Bauge	vn coffre
Bas de tire	vn bas de chausse

Brobuande,	vne bague
Broque,	vn double
Bler :	aller
Bilou,	le membre d'vne femme
Baude,	la maladies de Naples
Bouys, ou la brouée	le foüet
Basourdir,	tuer.
Barbillons de Varane,	des naueaux.
Boutanche,	vne boutique
Battouze,	de la thoille
Battouze toute battante,	de la toille neufue
Bellander,	aller demander l'aumosne
Baucher,	mocquer

C

Crie ou criolle,	de la chair
Carme,	vn choine ou miche
Ceslantes	des noix
Caluins,	des raisins
Caluine,	vigne
Camuse,	vne carpe,
Coulant,	du laict
Comble,	chapeau
Canton ou carruche,	vne prison
Cantouniers ou charrusiciers	prisonniers
Conte de la carruche,	Geolier
Castroz ou estallon,	chapon
Capres,	vn carolus
Cart de charuë,	vn cart d'escu

Cournant & cournante,   Bœuf & vache,
Casser la hane,   couper la bourse
Combriez,   pieces de vingt sols,
Castus,   vn hospital.
Conce du castu à celuy qui porte les salle-
   rez de l'hospital à la riuiere.
Cosne,   la mort
Creux,   vne maison
Courbe de morne,   épaule de mouton
Cambrouse,   vne chambriere
Chenastre ou chenu,   bon
Cεësre   le maistre des gneux
Cornets d'espices les bons peres capucins,
Crotte d'hermite   poires cuittes
Chasse noble   chasse coquin

D

Dasbuche,   vn Roy
Détacher le boucho, couper la bours
Duresme,   du fromage
Dare,   la terre
Doubleur ou deffaideur,   vn larron

E

Empane,   vn drap de lict
Entifle ou entonne   vne Eglise
Escoules,   oreilles
Encensouer   vne fressure
Enterne,   entendre
Egrailler l'ornie, prendre la poule avec
   vn hain,

Esgrailler l'ornie, prendre la poule auec
vn hain, Espoupher la foucandrie, c'est
quand les coupeurs de bourses iettent ce
qu'ils ont desrobé de peur d'estre surpris.
Espouser la veufue, estre pendu à vne potence. En drogue, chercher à faire fortune

F

Elouze — vne pochette
Frimion — le marché
Flambe — vne espée,
Fretille — de la paille
Frolleur — vn traistre
Froller sur la balle, médire de quelqu'vn
Frusquin — vn habit
Fondans — du beurre
Ficher — baille
Fouquer ou foncer — donner
Fanendel — camarade
Forest mont rubin, vn cloarque de ville
Floutiere, ou frousteau, — rien
Ficher la colle gourdement, c'est estre
  bon trucheur en perfection.

G

Our plain de pitoyer vn pot de vin
Goulpline — vne pinte
Georget — vn pourpoint
Grenu — du bled
Grenuë — de la farine
Grenasse — vne grange

Gallier	vn cheual
Grenuche	de l'auoine
Gueullard	vn bissac
Girolle	soit
Gy,	soit
Citre	soit
Gitre	i'ay
Gaux ou picantins	des poux
Gourdement	beaucoup
Gressir	desrober subtilement
Giure	le membre viril de l'homme
Glier	le diable
Gripis	vn meusnier
Garde proye	vn garderobe
Grain	vn escu
Glace ou frapet	vn verre à boire

H

Haper le taillis, s'enfuir habillement
Haut de tire	vn haut de chausse
Haue ou bouchon	bourse
Her plus	des liards
Huistres de Varane	des febues
Habin	vn chien
Haure ou grand haure	Dieu

I

Iaspin	ou
Iuyte,	contre ou apres
Icy caille	ici
Itre tu picte ce luysant,	as tu beu ce iour d'huy.

L

Lance	de l'eau
Lime,	vne chemise,
Louche,	la main,
Lourdant,	vn portier
Lourde,	vne porte
Luzard,	le Soleil
Luisarde,	la lune
Luysant	le iour
Luysante	vne fenestre
Lingres	vn cousteau
Lamorphe	le repas
L'escailler,	pisser ou tomber de l'eau
Lucques	vn faux certificat.

M

Meziere,	moy
Menestre,	du potage
Morfier,	manger
Morfiente	vne assiette
Marquaut	vn homme
Marquise,	vne femme
Mion	vn garçon
Marque	vne fille
Mouchailler,	regarder
Maquiller	trauailler
Mousse	de la merde
Mouscailler, ou filer du proye,	chier,
Molanche	de la leine
Mance d'auergots,	vne douzaine d'œufs
Menée de ronds	douze sols

Marmouzet,	le pot ou potage
Minoye	le nez
Maron	du sel
Morue,	vn mouton, ou brebis
Mornar	la bouche
Mouzu	vn teston
Mouillante	de la moruë
Marquin,	vn couure chef
Mions de boulle	coupeurs de bourses
Marcandier,	marchand,

N

Nousaille,	Nous.
Narquois	vn Soldat.

O

Ornie ou estable	vne poule
Ornions	des chappons
Ornichon	des poulets
Ornie de balle	vne poule d'inde,

P

Picter ou pictancher	boire
Plunis	du vin
Piolle	vne tauerne
Piollier	vn tauernier
Pharos	le Gouuerneur d'vne ville
Piger	vn chasteau
Pallots	les paissans
Passans, ou Passide	des souliers
Paturons	les pieds
Piot,	vn lict

Piauller	se coucher
Ponisseu ou magnuce,	vne putain
Pinos	des deniers
Petouze	vne pistolle
Patron,	pere
Palladier	vn pré
Pellard	du foin
Parfond	vn pasté
Parfonde	vne caue
Paturons de morne	pieds de mouton
Pasté d'hermite	des noix
Pacquelin	l'enfer
Pasquelin	le pays
Piller du creux	le maistre du logis
Proye le	le cul
Paturons de cornant,	pieds de bœuf

R

Rastichon	vn prestre
Rupin	vn gentil homme
Roulin	le preuost des mareschaux
Rouaux	les archers
Rond	vn sol ou douzain
Roupiller	dormir
Ragot	vn quart d'escu
Rusquin	vn escu
Rouastre	du lard
Rabatteux ou doubleux de sorgue,	c'est vn larron de nuict
Rouscailler bigorne	parler iargon
	Riuancher

Riuaucher, trauailler du membre duquel on arrouse la terre.
Rifle   du feu
Risoder,   cuire ou bruler
Rouillarde   vne bouteille
Rondelets   les tetons ou mamelles

S

Serpeliere à ratic   en robe de Prestre
Sorgue,   la nuict
Solir,   le ventre
Saliuerne,   vne escuelle
Sasbre   du bois
Sabrieux   vn volleur de bois
Salbrenault, vn Cordonnier ou Sauetier
Sacre,   vn sergent
Seziere ou sezingand   luy

T

Tourtouze   vne corde
Tabar ou tabacin,   vn manteau
Trimiad,   vn chemin
Tolle ou tollard,   vn bourreau
Tappe,   la fleur de lys
Teziere ou tezingand   soy
Tronche,   la teste
Trimer,   cheminer
Tenante,   vne chopine
Toutime,   tou
Thune,   l'aumosne

B

Torniquet   vn moulin
Tronche de morne vne teste de mouton.
Tournante   vne clef   V
VErgne,   vne ville
   Vouzailles   vous
Verdouzier,   vn iardin ou iardinier
Verdouze,   pomme ou poire
Zerue,   pleurer ou crier
  Débrider la lourde sans tournante,
   C'est ouurir vne porte sans clef.
cric, croc,   c'est ie boy à toy
Huft muft.   grand mercy
Deflourir la picoure, c'est oster le linge de
     deffus les hays
Happons les taillis, on crie au vinaigre fur
nouzailles, C'est à dire fuyons on crie aux
     volleurs apres nous,
Si gris bouëfle, ou bouzolle, c'est il gelle,
  fait froid
La tronche m'aqui'gere fremy, c'est la teste
   me fait mal,
La picoure est florie, c'est la buée ou linge est estendu sur la haye,
Qui de beaux la muraille enterue, c'est pre-
   nez garde on entend ce que vous dittes,
  La lourde est bridée, c'est la porte est
fermée, le marmouzet rifode, c'est le pot
bout, le piuois battoche, c'est le vin est bas,
la crie corne, c'est la chair est puante,

le gliner t'entrolle en son pacquelin i c'est le Diable t'emporte en son Enfer.

Pour oster la scrupule que quelques vns pourroient auoir de ce qu'on vse plus de beaucoup de mots qui estoient en vsage en l'ancien iargon, c'est que les Archisupost qui sont des escolliers desbauchez mouchaillans que trop de marpaux enteruoient retrancherent les mots suiuants.

Premierement la teste on le nommoit callé à present c'est la tronche. Vn chapeau on le nommoit plant, à present on l'appelle vn comble Les pieds on les nommoit trotins à present sont des pasturons. Vn manteau c'estoit vn volant, à present c'est vn tabar ou tabarin du potage s'appeloit de la iasse, à present c'est de la menestre. Vne chambriere se nommoit limogere, à present on l'appelle vne cambrouse. Vn chemin on l'appelloit pelle, à present c'est vn trimard Manger c'estoit biffer ou gouffer, à presēt c'est morfier. Vne écuelle se nommoit crolle à present c'est vne saliuerne. Vne tressure se nommoit pire, à presēt c'est en cençouer. Mennau c'estoit à dire moy, à present c'est meziere ou mezingād tournant c'estoit à dire toy, à present faut dire teziere ou tezingand.

B.ij

DES ESTATS GENERAVX.

POur affermir l'estat de ceste monarchie Argotique, iceux Argotiers ordonnerent tenir par chacun an des estats generaux pour aduiser aux affaires de l'estat, & estoient tenus anciennement iuxte la vergne de Fontenay le comte & à present transportez au Languedoc, pour ce que ce chenastre Pharos du Languedoc, Anne de Montmorency, à fiché vne grande somme de michon pour estre employé tous les ans la semaine sainte pour fouquer amorphe à tou-ime les Argotiers, qui se confesseront & communiront le Ieudy sainct, & prieront le grand haure pour seziere. En laquelle conuocation & assemblée des susdits Estats fut accordé & arresté les articles qui en suiuent,

Articles accordez aux Estats generaux.

I.

PRemierement à esté ordonné qu'aucun Marpaut ne soit admis ny receu pour estre grand Coësre, qu'il n'aye esté Cagou, ou Archisupost

II. Qu'aucun Argotier ne soit si hardy de

descouurir ny de celler le secret des affaires de la monarchie qu'à ceux qui ont esté
receus & passez du serment.

III. Qu'aucun Mion ne soit passé du serment qu'auprealables il n'ait esté recognu
affectionner l'argot, & n'aistre frolleux.

IV. A esté aussi ordonné que les Argotiers
toutime qui bieront demander la thune,
soit aux bourdes ou dans les entifle, ne se
departiront qu'ils n'ayent esté refusez neuf
fois le toutime sur peine d'estre bouilly en
bran, & plongé en lance iusqu'au proye.

Ausdits estats generaux ou procede premierement à l'éleuation d'vn grand coësre
ou bien on continuë celuy d'auparauant,
qui doit estre vn marpaut ayant la maiesté
côme d'vn grand Monarque, vn rabat sur
tes courbes, à tout dix mille pieces diuerses
couloürées & bien cousue, vn bras ou iàbe
ou cuisse demie pourrie en apparence, qu'il
soit bien guary en vn iour s'il vouloit.

Apres l'esle&ion, le grand coësre cōman-
dera à tous les Argotiers nouueau venus
de se mettre à quatre pieds contre la dure,
puis il s'assied sur l'vn diceux, & lors ses
Cagoüs la tronche nuë le côble dis la louche, viennent faire hômage à seiziere, puis
ils son continuëz ou d'autre mis en leurs
place, apres l'hômage on s'assie contre le

grand coëſre, & ou met vne ſaliuerne au
pres de ſeziere, pour receuoir les tributs
de ceux qui en doiuent, puis chacun de
quelque condition qu'il ſoit vient rendre
comte de ſa vacation, & premierement.

DES CAGOVS.

Les cagous ſont interrogez s'ils ont eſté
ſoigneux de faire obſeruer l'honneur
qui eſt deub au grand coëſre s'ils ont mon-
ſtré charitablement à leurs ſubiets les tours
du meſtier, s'ils ont deualiſez les argotiers
qu'ils ont rencontrez, qui ne vouloient recognoiſtre le grand coëſre & cōbien il leur
ont oſté: car ce qu'on oſte aux gueux qui ne
veulent recognoiſtre que floutiere le grand
coëſre, tout eſt declaré de chenaſte priſe,
tant leur hardes que leur michon.

Si en trimāt par les vergnes & grand trimards s'ils ont point rencontré quelque
rebelles criminels de l'eſtat: car ceux qui
bien à autre intētion que celle qui leur eſt
ordonnée par le grand coëſre ſont declarez
par turbateurs du repos de l'eſtat, ſi quelqu'vn ſōt trouuez ils ſōt arriuez aux eſtats
Generaux, & la punis en la forme qui s'en
ſuit. Premierement on luy oſte toutime ſon
fruſquin, puis on vrine en vne ſaliuerne de
faſbre, auec du piuois aigre & vne poignée
de marons & auec vn torchon de fretille,

on frotte à seiziere tant son proye, qu'il ne luy demornie d'vn mois apres. Voila la charge des Cagous qui pour la peine qu'ils ont ne fichent aucun michon au grand coësre ains participent au butin de deualisez, & ont puissance de trucher sur le toutime.

Des Archisupots de l'Argot.

Les archisupots sont ceux que les grecs appellét Philosophe, que les Hebreux nomment Scribes, les latins sages, les Egyptiens prophetes : les indiens Gymnosophistes : les assiriens, caldées les Gaulois, Druides : & les perses Mages : les François, Docteurs & les miramolins, Bonzes. En vn mot sont les plus sçauans, les plus habiles marpaux de toutime l'argot, qui sōt des Escoliers débauchez, & quelques Ratichons de ces coureux qui enseignét le iargon à rouscailler bigorne, qui ostent, retrāchent & reforment l'argot ainsi qu'ils veulent. Et ont aussi puissance de trucher sur le toutime, sans ficher quelques floutiere.

Des Orphelins.

Les orphelins sont ces grand mions qui triment trois ou quatre de compagnie ils bient sur le minsu, c'est à dire, trucher sans aucun artifice ils fichent par chacun an deux menées de ronds, au grand coësre,

Des Marcandiers.

MAtcandiers sont ceux qui bient a-
uec vne grande hane à leurs costez
auec vn assez chenastre frusquin; & vn rabat sur les courbes, faignant auoir trouué
des sabieux sur le trimar, qui leur ont osté
leur michon toutime, ils fichent au grand
coësre vn rusquin par an.

Des ruffez ou rifodez.

RVffez ou bruslez sót ceux qui trimét
auec vn certifica qu'ils nommét lucques comme leurs biés sont ruffez toutime
menant auec sezailles leurs marquises &
mions faignans auoir eu de la peine pour
sauuer leurs mions du risflequi ruffoit leurs
creux, le plus souuent leurs certificats sont
appostez, & les font faire par quelque ra-
tichon, qui bien auec seizailles, ils fichent
par an au grand coësre, quatre combriez.

Des Millards.

MIllards sont ceux qui trollét sur leur
andose de gras gueullards ils truchét
plus au champs qu'aux vergnes, ils sont
hays des autres Argotiers, pource qu'ils
morfient ce qu'ils ont tous seuls, & ne sont
point la charité aux autres freres quand ils
sont rencontrez des autres il faut se battre
& on leur oste leur michõ, & bié souuét leur
Marquises, qui font séblant de zeruer quãd
on les emmeine, mais en leur cœur en sont
bien

bien aife pource que la plufpart d'icelles ne font que ponifles, iamais ne peauffent aux creux ou caftus du grand haure, ny piolles ou ils fçauent qu'il y a d'autres argotiers peauflez, ils font troller à leur marquifes des empanes qu'ils eftendent fur la tille en quelque grenable, & la peauffent & roupilent gourdement, ils font les piteux deuant les Pallots qui leur fouquent du fondant & du durefme, & autres neceffitez. C'eft de ceux de ceux mendit on qu'il s'en trouue le plus de rebelles à l'eftat, & ceux qui obeiffent fichent aux cagous, demy rufquin, qui le mollent aux eftats generaux, & en rendent conte au grand coeftre.

Les Maingreux.

MAlingreux font ceux qui ont des maux ou playes dont la plus part ne font qu'en apparence, il truchent fur l'entifle, c'eft à dire il feignent aller les vns à Sainct Meen, les autres feignent auoir voué vne Meffe quelque part, quelquesfois ils font gros, enflez & le lendemain n'y aparoift que floutiere. Ils morfient gourdement quand ils font dans les piolles, ils fichent deux combriez.

Les Piettres.

LEs piettres font ceux qui truchent fur le bafton rompu & font ceux qui ont

C

les iambes & bras rompus on qui ont mal aux pasturons, qui bient auec des potences ils fouquent demy rufquin par chacun an.

Les Sabouleux.

Sabouleux font ceux que vulgairement on appelle malades de S. Iean, dont il y en à plus de faux que de veritablement malades, ils s'amandoüent auec du fang & prenent du fauon blanc en la bouche, ce qui les fait efcumer? ils triment ordinaire-ment aux Boules aux fremions, & aux long des entifle? ou ils fe faboulent gourdement, émeuuent tellement le monde à pitié qu'ils font grefler en leurs combles force michon, dont ils bient morfier, & acquiger grand chere aux piolles franches ou aux caftus. C'eft ceux la qui fichent le plus au grand coëfre, & qu'il luy obeiffent le mieux.

Les Callots.

Callots font ceux qui font tigueux veritables ou contre faits & tant les vns que les autres truchent. tant aux Entifles, que dans les vergnes pour trouuer dequoy faire guerir leur tigne, qui feroient bien maris qu'elle fuft guerie. Ils euffent pris le fieur Theodore de beze pour leur patron pource qu'il à efté autre fois Callos, mais à caufe qu'ils ne l'ont point trouué au calendrier romain, ils n'en ont point voulu, & aussi à cause qu'vn iour à Paris il se voulut ietter en la riuiere de Seine, pour se noyer auec vn sien cousin, à cause qu'ils auoient trop de mal à faire guerir leur tigne, comme luy mesme tesmoigne en vne Epitre escrite à son amy Vuomard ceux la fichent sept ronds au grand coësre.

Les Coquillards.

Coquillards sont les pelerins de Sainct Iacques, la plus grand par sont veritables & en viennent. Mais il y en à aussi qui truchent sur le coquillard, & qui n'y furent iamais, & qu'il y à plus de dix ans qu'ils n'ont fait le pain benist en leurs paroisses & ne peuuent trouuer le chemin à retourner en leurs logis ils ne fichent que floutiere au grand coësre.

Les Hubins.

Hubins sõt ceux la qui se disent auoir esté mordus des loups ou Habins enragez, ils triment ordinairement auec vne lucque, comme ils bient à S. Hubert, ou qu'ils en viennent, qu'ils fichent aux rastichons pour les recommander dans les entifles, ils fichent vn ragot par an au grand coësre.

Les Polissons.

Olissons sont ceux qui ont des frus-quins qui ne valent que floutiere en hyuer quand le gris bouesse, c'est lors que leur estat est le plus chenastre, les rupins & marcandiers leur fichent les vnes vn ge-orget, les autres vne lime ou haut de tire, qu'ils folissent au Bardaudier du Catu ou à d'autres qui les veulent abloquir ils trol-lent ordinairement à leur costé vn gueul-lard, auec vne roüillarde pour mettre le pinois, ils enteruent brauement à attrimer l'ornie, il s'en trouue grande quantité aux Estats, & fichent deux ragots au grand co-ësre par an.

Les Francs Mittoux.

Sont ceux qui sôt malades, ou qui font semblant de l'estre on les nomment les Ecaments, ils bient appuyez sur vn sabre & bandez par le front faisans les trem-bleurs. Ils ne fichent que cinq ronds au grand Coësre.

Les Capons.

Capons sont les escheuins de la tripe-rie, dont la plufpart sont casseurs de hane & doubleux. ils ne sortent gueres des Vergnes ils truchent dans les piolles ou ils fon souuent à l'aguet pour mouchailler s'ils trouueront quelque chose à descou-uert pour le doubler. Ceux la ne fichent que floutiere aux estats, car ils n'y triment point.

Les Courtauls de Boutanche.

Courtauls de boutaches sõt des cõpagnons d'estat dont les vns ne maquillent que durant l'hyuer quand le gris bouesse, l'esté estant venu, disant fy du maquilage, qu'il est myon de ponisse qui à maistre. Voicy les cassantes les verdouzes & les caluins qui sont chenastres les autres ne maquilent point en tout ains crollent dessus leurs courbes quelques outils, dont on se sert en leur mestier, afin que la colle en soit plus franche. Les autres quand ils sont en quelque Vergne à ballauder, & qu'on leur dit qu'ils aillent maquiler, ils rouscailles qu'il n'y à point de boutanche de leur estat en la vergne, car ils dient estre d'vn autre mestier qu'ils ne sont, & qu'il sçuent qu'il n'y en à point en vergne: la plus grand part d'iceux sont hays des autres argetiers, pource qu'ils sont froleux & frolent sur la balles des freres quand ils sont en quelque boutanche à maquiller.

Les Conuertis.

Les conuertis sont ceux qui changent de Religion, ie n'entend icy parler de ceux qui veritablement pour le repos & tranquilité de leurs consciences se conuertiſſent, ſans fraude ne diſſimulation? ie veux donc rouſcailler de ceux qui faignent ſe conuertir pour la truche. Quand ils ſont en quelque Vergne ou il y à quelque excellent predicateur, ils bient le trouuer, & luy rouſcaillent ainſi, mon pere ie ſuis de la religion & tous mes parens auſſi, i'ay ouy quelques vnes de vos predications qui m'ont touché ie voudrois que vous m'euſſiez vn peu eſclaircy. Alors il ſe paſſe deux ou trois luyſans en conferance, puis il faut faire profeſſion de foy en public, puis ſept ou huict luyſans durant ils ſe tiennent aux luudes des emiſſes & rouſcaille ainſi, meſſieurs & dames, n'oubliez pas ce Apoſtolique & romain, le haure ſçait commend il greſſe en leur comble, car il n'eſt pas mion de chenatre mere qui ne leur fiche la thune, puis ils ſont ſoigneux de tirer vne luque en certificat de celuy qui les à reçeus en apres ils s'enqueſtent ou demeure quelque marpault, pieux, & rupines & marchandiers deuotes qu'ils bient ttouner dans leur creux declarent leurs neceſſitez alors ces chenaſtres perſonne rifodez de l'amour haure, & tres ioyeux de cette conuerſion, leurs foncent de tres chenaſtres thunes, & c'eſt la plus chenaſtres truche de tourtime l'argot, & s'ils aſſurent ainsi les catholiques ils en font de mesme aux huguenots : car il y en à qui trollent de deux sortes de lucques, les vnes pour fi-cher aux Rastichons dans les entonnes, & les autres au babillards ou anciens de la pretendue, qui leur fouque de grosse thu-ne. Mais il y en vn qui fut bien asseuré, pensant auoir deux lucques, car il en per-dit la plus chenastre, c'estoit vn holan-dois, qui estant venu en nostre Vergne sainctement ou veritablement, se voulut conuertir il alla trouuer vn chenastre cor-net d'espice, & rouscailla à seiziere qu'il vouloit quitter la religion pretendue pour attrimer la catholique. Le chenastre pa-tron le receut charitablement, & l'interro-gea par plusieurs luysans, dont vn entre les autres, il demanda à sezieres s'il n'auoit pas quelque lucque de son babillard : respond que si, & mist la louche en sa fellouze, & en tira vne, & la fiche au cornet d'espice pour la mouscailler, & quelques luysans, apres qu'il eut aquigé profession de foy, il demanda sa luque au patron, qui rous-cailla à seziere qu'il l'auoje aquigée risol-der. Le haure sçait combien ce holandois fut fasché, car me rencontrant il me rous-cailla. Ha Pilie ? que gitte esté asseuré gourdement, car ce cornet d'espice à risol-

de malucque, où estoient les armoiries de la vergne d'amstredam en Hollande, i'y perds plus de cinquante grains de rente.

Ie le dis pour auoir assisté : ceux la sont les mignons du grand coësre, & ne sichent que sloutiere.

Les drilles ou Narquois.

DRilles ou Narquois sont les Soldats qui truchent la flambe sous le bras & battent en ruine les entifles, & tous les creux des vergnes, ils peauffent dans les piolles, morfient & pictent si gourdement que tourtime en bourdonne. Ils ont fait banqueroute au grand coësre, & ne veulét plus estre ses subiects, ny le recognoistre ce qui est vne grande perte, & à beaucoup ébranlé l'estat de la monarchie argotique Vne autre chose qui à beaucoup gasté & presque renuersé toute la monarchie, c'est que tous ceux du doublage, les casseur de hane, les Rabbateux, les sabrieux, & autre doubleux du serment de la petite flambe ne pouuans viure de leurs estats, & d'autre part mouchaillans les argotiers auoir touſiours dequoy morfier, voulurent lier le doublage auec l'Argot, c'est en vn mot ioindre les larrons auec ceux qui mandient leur vie, à quoy s'opposerent les bons ra- bles archisupost auec les cagous, ne voutant pas permettre vn si grand mal-heur. Mais en ont esté contraints d'admettre les susdits doubleux en la Monarchie, excepté les sabrieux qu'on n'a pas voulu receuoir tellement que pour estre parfait argotier il faut sçauoir le iargon des blesches, ou Merciers la truche comme les gueux, & la subtilité des coupeurs de bourse.

Apres que les anciens argotiers ont rendu compte de leur vacations, les nouueaux venus s'approchent & fichent cinq ronds en la saliuerne puis on leur fait faire le serment en cette sorte.

Premierement, ils mettent vn bout de leur sabre ou baston en la dure puis on leur fait leuer la louche gauche & non la droicte, pource qu'ils disent que c'est vn erreur de cour puis ils rouscaillent en cette maniere *l'attrime ou tripeligour*, puis derechef, *l'attrime ou postoligour du tout*

Apres on leur fait promettre & iurer de rendre obeissance au cagou de leur prouince, ausquels ils sont baillez en charge pour leur apprendre les tours du mestier. Or cependant que l'on interroge les susdits argotiers, les maquises du grand coëfre & des cagous ont soin d'allumer le rifle, & faire risoder sa criole : car chacun fiche son morceau, les vns fichét vne cour-

be de morne, les autres vn morceau de rou-
astre, les autres vn morceau de cornant, les
autres vne eschinée de bascon, les autres
des ornies & ornichons.   Tellement que
quand toutes leurs sont assemblées, ils ont
dequoy faire vn chenastre banquet auec
des roüillardes pleines de piuois & du plus
chenastre qu'on puisse trouuer, puis ils
morfient & pictent si gourdement que
tourtine en bourdonne.

 Apres que les estats sont finis chacun se
debat, & les Cagous bient en la Prouince
qui leurs à esté ordonnée, & emmeinent
auec sezailles leurs apprentifs pour les apprendre & exercer en l'Argot, Premiére-
ment leur enseignent à aquiger de l'ama-
douede plusieurs sorte, l'vne auec de l'her-
be qu'on nomme Esclaire, pour seruir
aux Francs mittoux, l'autre auec du cou-
lant, sang & vn peu de grenuë pour seruir
aux malingreux & aux piettres.

 Apres leur enseignent à aquiger de certaine graisse, pour empescher que les habins ne leur grondent, & ne meine du
bruit quand il passent par les villages, il
trollent cette graisse en leurs gueullard
dans vne corne, & quand les chiens la sen-
tent ils ne disent mot au contraire sont
chere à ceux qui trollent.

En apres leurs apprennent à faire dix mille tours, comme le rapporte le docteur Fourette en son liure de la vie des Gueux ou il raconte plusieurs histoires, entre lesquelles est celle-cy.

Il y auoit vn certain torniquet vn gripis qui ne fichoit iamais que floutiereaux bons pauures de Dagou du pasquelin d'aniou, entreprins de se venger & luy iouer quelque tour chenastre, & pour y paruenir, approchant du tourniquet, il diuise sa trouppe en deux, & fait trimarder la moitié par derriere le creux, & l'autre par deuant qui bient demander la thune la lourde du gripis, puis aquigent vne querelle d'allemant, s'ils s'entrebattent ensemble le grippis sort auec sa Marquise & sa cambrouse pour mouchailler ces argoutiers se battre & cependant les autres qui estoient par derriere entrent dans les creux doublent de la grenuë, de la battauze, des limes de l'artie, & autres choses : & puis tout doucement happe le taillis, & bient attendre ceux qui se battoient sur le grand trimard, il racontent encore plusieurs histoires comme celle d'vn qui monta auec des tire fonds en vne potence, pour couper les bras d'vn pendard pour s'en seruir en vne grand boulle en la Vergne de nya gré. D'vn autre qui contrefit l'Operateur en vn Pipet, & trompa la Rupine qui luy auoit presté son gallier, & fiché du michon pour abloquir des droguès de la Vergne de Saumur, pour guarir son marpaut qui auoit grand mal à son chiure. Et plusieurs autres que ie laisse pour n'estre prolixte.

Pour vous dire encore vn de leurs tours qui se pratiquent entre les doubleux seulement, c'est que quand ils passent quelqu'vn du serment de la petite flambe par vn carrefour qui soit proche d'vn vergne ils escriuent auec leur sabre vne certaine marque ou chiffre dés le trimard, que les autre doubleux recognoissent quand ils la mouchaillent, & iugent bien par la marque, vn tel icy, ou vn tel s'en est allé d'icy car voila son marc ou chiffre fait de telle façon.

※※※※※※ : ※※※※※※

DIALOGVE DE DEVX ARgotiers, l'vn Polisson, & l'autre Malingreux, qui se rencontrerent iuxte la lourde d'vne vergne.

Le Malingreux

BE Hauré t'aguige enchenastre santu,
Le Polisson.

Et teziere aussi fanandel, ou trimardes tu?
Le Malingreux.
En ce pasguelin de berry, on m'a rouscail-
lé que truchez estoit chenastre, & en cet-
te vergne siche on la tune gourdement.
Le Polisson.
Quelque peu pas guere,
Le Malingreux.
La polisse y est elle chenastre?
Le Polisson.
Nenny, c'est ce qui m'a fait ambier hors
ceste Vergne, car si ie n'eusse vn peu grisy,
fussent coiny de faim.
Le Malingreux.
Y a il vn Castu en ceste vergne?
Le Polisson.
Iaspin.
Le Malingreux.
Est il chenu?
Le Polisson.
Pas gueres, les piaux ne sont que de fretille
Le Malingreux.
Le barbaudier du castu est il Francillon se
list il la foucaudiere?
Le Polisson.
Que floutiere : mais tirant vers les cornets
d'espines, il y a trois ou quatre pipules, ou
les piolliers sont francillons qui la solisent
mais d'où viens tu qui à il de nouueau?

Le Malingreux.
Que floutiere, sinon qu'vn de nos freres qui a asfuré vn rupin.
Le Polisson.
Et comment cela.
Le Malingreux.
C'est qu'vn de ces luyians vn marchandier alla demander la thune en vn Pipet, & la rupin ne luy ficha que le frou, il mouchailles des ornies de balle qui morfioient du grenu en la cour, lors il fiche de son sabre sur la tronche à vne & la barsoudie & la met dans son gueullard & l'entrolle, puis quand il fut dehors il escriuit contre la lourde, ce qui s'ensuit.

Si le rupin eust fiché du michon au marcãdier, il n'eust entrollent son ornie de balle.

Le rupin sortant dehors aduisa cét escrit il le leut, mais il n'enteruoit que floutiere. Il demanda au Rastichon de son village que c'estoit à dire cela, mais il n'enteruoit pas mieux que seziere.

Arriua que ie trimardois iuxte la lourde ci pipet, i'aduise cés escriteau & commence à le lire vne cambrouse du pipet me mouchalloit & en aduertit le rupin pour ce que ie riois en le lisant, le rupin me demande, disant, vierça gros gueux qu'est-ce que tu dis contre ma porte,

Alors ie mis le comble en la louche & luy respondit monsieur, c'est que ce bon pauure qui vous demanda l'aumosne vn de ces iours à qui ne donnastes rien à escrit que si vous luy eussiez donné quelque chose il n'eut pas emporté vostre poule d'inde lors le rupin en cholere iura par la tronche du Haure, que s'il attrapoit iamais des trucheurs en son pipet, il leur ficheroit cent coups de sabre sur l'endosse, & meziere de haper le taillis & ambier le plus gourdement qu'il me fut possible,

Le Polisson.

Le havre garde mal le frere, puis qu'il a vn si bel esprit

Le Malingreux.

Veux tu venir prendre la morse & peausser auec meziere en vne des pioles que tu m'as rouscaillé.

Le Polisson

Il ny à rond ny herplus, ne braque en ma feloule, ie vay piausser en quelque grenafle.

Le Malingreux.

Encore que tu n'aye de michon ne laisse de venir, car y à deux menées de ronds en ma hane, & deux ornies en mon gueulard que i'ay esgraillée sur le trimard, bions les faire risoder veux tu.

Le Poliſſon.
Girolle, & beniſt ſoit le nom du Havre,
m'a fait & rencontrer ſi cheuaſtre occa-
ſion, ie m'en v. y m'en reſiouyr & chanter
vne chanſon.

CHANSON DE L'ARGOT

Sur le chant, *Si les murailles de Poictiers, &c.*

Qvi veut ouy rouſcailler
D'vn appellé le grand coëſre,
Deſbuche des Argotiers,
Et des trucheurs le grand maiſtre,
Et auſſi de tous ſes vaſſaux.
  Viue les enfans de la Truche,
  Viue les enfans de l'Argot.
Premierement les Cagous
Sont ainſi comme les Princes,
Et ſont honorez de tous
Les trucheurs de leurs Prouinces,
Comme auſſi les Archiſuppoſts.
  Viue les enfans de la Truche
  Viue les enfans de l'Argot.
Les Drilles ou les Narquois
En revenant de la griue,

En

En trimardans quelque fois
Bafourdiffent nos ornies,
Ou quelque chenaftre caftus,
    Viue les &c.
  Puis auffi les Orphelins
Trouuant des piecoures flories.
En trollent fouuent des mirquins,
Ou quelques limes iolies,
Pour attraper quelque rahats.
    Viue &c.
  Suiuent apres les malingreux
Et les rifodez qui truchent
Les marcandiers auec eux
Et ont chacun vne lucque
Ce qui leur eft d'vn grand rapport,
    Viue &c.
  Les hubins les coquillards,
Et fabouleux triment enfemble,
Mais ces coquins de Millards.
Ne veulent fuiure la bande,
Ayment mieux bafoudir les gens.
    Viue &c.
  Refte encor les cappons
Et les Francs mittoux qui tremblent
Les piettres & les poliffons,
Et les courtauls de boutanche,
Les conuertis & des callos.
    Viue, &c.
Leurs plus cruels ennemis

                     D

Qui les mettent en grand peine,
Leur font happer le taillis,
Ambier à perte d'haleine,
Ce sont les sacres & les rauzaults,
    Viue, &c.
Le grand haure il faut prier,
Qu'il conserue tous ces pauures,
Qui les voudra offencer,
Que le glier les entrolle,
Ceux qui troubleront leurs repos
   Viue les enfans de la Truche,
   Viue les enfans de l'Argot.

CHANSON NOVVELLE, A LA
loüange des Argotiers & Trucheurs.
Sur le chant, vn Ministre de Molle.

Rupins & rupine,
  Marpault & Marquise,
Rupins & Rupines
Marpault & Marquise,
Et les marque & les mions
Enternez vne chanson
De ces enfans de la Truché
Qui sont chenastres mions,
  Pour raconter l'ordre
Rouscaillons bigorne,

Pour raconter l'ordre,
Rouscaillons bigorne.
Qui enteruer le sçaura
A part feziere en tira,
Mais les Rupins de la Vergne
Ne sont digne de cela.
   Les premiere en liste,
Sont appellez drilles
Les Orphelins suiuent,
Qui truche aux entifles,
La flambe dessous le bras
Battent en ruine haut & bas
Par tout les creux de ces vergnes
Et dessous les grands trimards.
   Les Marcandiers marche
Aux costez la hane,
Los marchandiers marche
Aux costez la hane,
Rupines vueillez ficher
A ces pauures marchandiers
Qui aux grand forest des piolles,
Ont esté deualisez.
   Les millards ensuiuent
Qui ont des Ponifles
Les milards ensuiuent
Qui ont des ponifles,
Sur l'andosse à qui font troller
L'empaue pour leur penusier,
Qui estendu sur la fretille

D ij

S'en vont tousiours roupiller
    Aussi les Malingres
Font si tristes mines
Aussi les Malingres
Font si tristes mines,
Appuyez sur vn baston
Vont demandant du michon
Mais quand ils sont dans les pioles
Ils morfient bien l'ornichon.
    Mais ô quelle angoisse,
C'est quand le gris boisse,
Mais ô quelle angoisse,
C'est quand le gris boisse,
Pour les piettres & les cappons,
Et les pauures polissons.
Qui n'ont point frusquins qui vaille
Pour mieux attrimer le rond,
    Puis ceux du Doublage
Les casseurs de hane,
Puis ceux du doublage,
Les casseurs de hane,
Feroient les meilleurs butins,
Si ce n'estoit les rupins
Qui leur fait sicher la tappe
Quand quelqu'vn il à appris,

CHANSON DE L'ARGOT,
propre à dancer. Sur le chant
Donne nos, Donne vos, &c.

ENteruez marquas & myons,
J'ayme la crouste de parfond,
La vie des argotichons
　J'ayme l'artie? j'ayme la pie,
　J'ayme la crouste de parfond
　Au matin, quand nous leuons
J'ayme la crouste de parfond,
Dans les entonnes trimardons,
　　J'ayme, &c.
　Ou aux creux de ces Ratichons,
J'ayme la crouste de parfond.
Nos lucques leur presentons
　　J'ayme, &c.
　Puis dans les boulles & Fremions
J'ayme la crouste de parfond,
Cassons des hanes si pouuons,
　　J'ayme, &c.
　Puis qu'en auons force michon,
J'ayme la crouste de parfond,
Dans les piolles le despensons,
　　J'ayme, &c.
　Aussi au soir quand arriuons,
J'ayme la crouste de parfond,

Dans les castus ou nous peaussons,
      I'ayme, &c.
    Les Barbaudiers sont Francillons,
I'ayme la crouste de parfond,
Font risoder nos ornichons,
I'ayme la crouste de parfond,
Puis leurs Marquises myons
I'ayme la crouste de parfond,
Tous ensemble les morsions
   I'ayme l'artie, i'ayme la pie,
   I'ayme la crouste de parfond.
        Le Malingreux.
Certes sanendel tu m'as grandement consolé, si tu veux trimer de compagnie meziere, nouzailles acquigerons grand chere, ie sçay biē acquiger des lucques, égrailler l'ornie, casser la hane aux fremions, puis, poupher la foucandrie si quelque Rouault nouchaillie.
        Le Polisson.
Ha! le Haure garde meziere, iamais ie ne fus forgueux ne doubleux.
        Le Malingreux.
Ne meziere non plus, ie rouscaille tous les luisans au grand haure l'oraison qui suit,
    Oraison & priere de l'Ange.

O Grand Haure, combien que les marpauts de la dure ne soyent que flouziere au regard de teziere, neantmoins me

ziere pauure chetif Argotier recognoissant
que mon morfiage tourtime vient de ta louche sacrée & liberalle, i'ose prédre la har-
diesse prosterné aux pasturons de ta grandeur de te remercier humblement de
m'auoir souqué la morse iusques à present
en apres ie te demande pardon de tous les
maux que i'ay aquigez contre tes diuins
commandemens, soit en doublage ou au-
trement, & te supplie humblement de re-
compenser ceux à qui i'ay doublé quelque
chose, & ceux qui m'ont fiché du michon
ou de partie, O chenastre Iesus, vray havre & marpaut, garde mon ame du glier
infernal, & mon pauure corps de tomber
entre les louches du Rouin, craignant
qu'il ne me fist espouser la veufue en l'abbaye de monte à regret, ou ficher le bouy
ou la tape, par quelque, ô dabuche de
l'vniuers vueillez inciter les Rupins &
Marcandiers de me ficher mes necessitez,
afin que ie ne sois reduit par vne trop grá-
de pauureté à estre myon de boule, pour
caser les hanes, ou attrimer quelque chose,
ô patron celeste, ie vous demande ces grá-
ces toutimes, par le merite infiny de la cosne de vostre sacré myon. Amen.

Le Polisson

Voilà vne Oraison qui est chenastre ; mais

ſtimons gourdement de peur que l'on ne
bride les lourdes de la Vergne, car la ſorgue approche, attrappons la piolle.
Le Malingreux.
Y à il vne cambrouſe en la piolle, Fanādel?
Le Poliſſon.
Iaſpin & qui eſt gourdement chenaſtre
aux freres, on luy fait aquiper le ſigne de
la croix quand elle t'ime en la parſōnne de
peur de trouuer le mauuais en atrollant du
piuoye puis ſi les freres ont quelque ornie
elle eſt morfie auec ſezailles.
Le Malingreux.
Elle eſt donc drolle comme vn baugè?
Le Poliſſon.
Gy, & s'il y à eſcrit contre ſon piauce
qui s'enſuit.

Celuy qui à chenaſtre franſquin,
Et dans la bane le ruſquin,
Aura s'il veut michon ficher,
Artie & crie pour morſier,
Pinoye chenu pour piſtancher,
Et la cambrouſe à ſon piauſſer,

Le Malingreux.
Aſtu peauſſé auec ſeziere?
Le Poliſſon.
L'aymerois mieux que le Glier l'euſt en-
trollé : que n'y auoir peauſſé, i'aurois peur
d'eſtre baudier. ### Le Malingreux.
Qui à

Qui à peur des feuilles ne faut pas trimer au sabre: mais changeons de discours, as-tu iamais esté en drogue en ce pasquelin de Berry y fait il chenastre comme l'on dit.

Le Polisson.

Iaspin, car quand on tume demãder la thune, l'on ne s'amuse pas à attiédre à la Jourde on entre hardiment dans les creux puis on leur rouscaille. *Mon maistre nous sommes icy deux ou trois pauure, qui n'auons aucune cõmodité, dõnez nous quelque chose pour viure* Quelques vns respondent, *Messieurs Dieu vous cõtente, ie ne sçaurois que donner.* On leur replique, *hé pere faites nos present de quelque morceau de viãde, ou demie douzaine d'œufs, si les gens de bien ne nous donne quelque chose, nous serons contraints de faire pis.* Quand ils enteruent rouscailler ainsi s'ils ont quelque chose ils enfonçent, car ils ont peur que l'on face riffoder leurs creux, puis on egraille quelque ornie, & on les trollent rifoder en vn creux chez quelques pallots, ou bien si l'on à trop d'ornie on les fait riffoder dans quelque grand sabre, & pour cela il faut troller vn fusil dans le gueullard, pour aquiger du tifle, Ha que cela est chenastre trimons y gourdement.

Le malingreux.

Mais que deuient le michon que nouzail-

E

les fichons aux estats.
Le Polisson.

Ha pauure myon ce n'est pas à teziere à sçauoir tourtime les secrets, ne faut-il pas que les Chefs ayent quelque chose de particulier ? ie te veux portant rouscailler ce que meziere en à appris, c'est qu'vn luisant ie trimardois auec auec vn de nos Cagous, celuy qui fut basourdy en la vergne de clerac, qu'on nommoit le sieur de malespagne, faisant à seziere la mesme question que tu me fais maintenant, il me respondit, mon myon i'espere t'aquiger Cagou aux premiers Estats, & lors tu enteueras, & pource que ie t'ayme, ie te diray seulement, que l'on en fiche vne partie aux chasse nobles des vergnes ou nouzaille sommes mal reçeus : pour qui permettent que les freres puissent trucher & ballourder cinq ou six luisans auparauant qu'on les chasse desdites Vergnes, & pour le reste cela est du secret de la Mornarchie.
Ie te veux raconter vne histoire qui est arriuée dans vn castus d'vne petite Vergne, qui à causé le procez qui suit.

PROCES D'ENTRE MATHELIN le rechineux, & Collas le Souffreteux.

LE dix huictiefme iour de Iuillet de ceſte anrée icy ou de l'autre, au Caſtus d'vne petite vergne d'Anjou, ſe rencontrerent le Cagou de Normandie auec ſa marquiſe, aſſiſté de deux archiſuppoſts, vn Millard Manceau & vn Narquois Tourangeau, auec vne Marquiſe Poicteuine, en morfiant enſemble le Millard reconneut cette Marquiſe qui auoit eſté ſienne il luy rouſcaillé ainſi : hé bien donc, ma petite perrine, ne veux tu pas bier ô may ? elle le mouchaille d'vn viſage reſrongné, reſpondant à ſeziere, ô chetif habin, chetif cogneu, i'aymerois mieux que tu euſſe morfié du chenat, que tu m'euſe coupé ô qui vne : le Millard rouſcailla au Cagou : Sus ma foy mon doux maiſtre Cagou : aquigez rendre à meziere cette Marquiſe, il y à quatre ans que ie l'ay attrimée pour mienne & l'y auras aſſigné ſon doüaire pour le moins ſur trouuas de la chenée de tearre que l'auas en nouſtre vilege, mais vne ſorgue que i'eſtois peauſſez en vne grenaſle comme i'y roupillas, hen pierre elle ſe leue & entrolla mon gueullard & ma belle roüillarde, où eſtoit peint

E ij

l'entifle de sainct Iuillian du Mans, parquoy mon cher Cagou, ie demande à vouzailles iustice si vous plaist.

Surquoy le Cagou commanda à la Poictevine de rouscailler la verité. Monsieur fit-elle, or l'est bien vray pourueu, que iquou manseau m'auez attrimé pour sa marquise, mais que m'auet pas dit qui me sicheret tant de sasbre sur l'andosse prignou mon cagou il m'a tant sasbrée que i'ay esté contrainte de happer le taillis & ambier par le derriere & comme y ou trimardois le long de qui ô grand trimard, qui meine de la vergne de sainct Moixant ô qui ô grand vilage de poictée, y ou adunis y quou Narquois qui basourdissoit le gaux le long d'vne picoure, & comme il m'eust mouchaillé, il me disoit vainca vain ma sœur t'assoir louy aupres meziere, ô l'estat bel plus beau que quio Mansea qui m'appellet tousiours grande penifle & grosse chaine y ou m'assisi sur la dure, puis ô fallut ressionner d'vne carme & d'vne ornie quo l'auet en son gueullard, & puis me demanda en morfiant si i'enternois casser la hane y ou l'y respondit nenny, que iquou Manseagne m'auet appringu que floutiere, lors il me disit que si ie voulois trimarder ô seziere qu'il m'au-

roit bain toſt appringu à caſſer la hane &
débrider la lourde ſans tournante, & me
feroit paſſer du ferment de la petite flambe & encore à faire deflorir la picoure, y
ou l'y reſpondit iaſpin y ou le veu & pour
retourner iamais auec y quou Manſeau
i'aymerois mieux eſtre coſnie tout à l'heu-
re, ou bain eſtre viue enterrée: alors le
Narquois rouſcailla ou Cagou ayant le
comble à la louſche, en cette façon.

Tres haut, tres puiſſant excellent illu-
ſtre, magnanime & vertueux Seigneur, il
plaira à la grandeur de voſtre Reuerence
& Cagoutiſe d'auoir pitié de cette pauure
marquiſe: car ſi on iuge les cauſes par leurs
effets, & l'interieur des marpault par les
actions qui mettent au dehors, il eſt aiſé à
iuger de la malice de ce Manceau par les
mauuais traitemens qu'il a aquigé contre
icelle, luy aquigeant vne infinité de maux
ou entre les autres vn luyſant comme elle
euſt fait riffoder de la criole roſtie, elle la
laiſſe vn peu trop riforder elle fut côtrain-
te de la morfier tourtime au grand preiudi-
ce de ſa ſanté, parquoy mon cher Cagou,
il vous plaira d'ordonner en la faueur
qu'elle biſra auec celuy qu'elle trouuera
le plus chenaſtre, ſans toutesfois déroger
aux loix Argotiques, auſquelles ie trolle

& trolleray tousiours l'honneur que ie leurs doits, nonobstant l'audace de quelques Narquois qui ont voulu abbaisser l'authorité de cette monarchie, à laquelle ie me soubmets.

SENTENCE RENDVE PAR
le sieurs Cagou

PHelippot coupe iarret par l'aduis des Freres & Ordonnance des Estats Generaux Cagou de la prouince de Normandie, apres auoir mouchaillé le debat meut entre Mathelin le Rechineux, Millard de sa condition, & collas le Souffreteux Narquois de condition, d'autre part. Pour le regard d'vne Marquise pretenduë par seszaille, & apres auoir enterué les raisons d'vne part & d'autre, & de l'aduis de nos bien amez Siluain Torpet, & Thibaut garaut, qui bient ô noz ailles: Auons ordonné & ordonnons, que ladite Marquise demeurera auec son Narquois, comme le trouuant le plus chenastre à son gré, pour bien morfier, peausser, roupiller, & aquiger le tourtime qui voudront ensemble sás trouble ne empeschement, mesmes pour les hardes que ladite Marquise à entrolée ceux qui sont à son vsage, comme ses limes son garde proye, deux mirquins de

l'attoufe toute battante, vne paire de pai-
fifle tout battant deux empauet & plufieurs
autres petites befongnes demeureront à le-
ziere & pour les hardes à vfage du Marpaut qui eſtoient dans le gueullard, côme
vn vieil georget, vn haut de tire, fa belle
roüillarde, fa carne à troller la graiſſe, &
autres choſes à fon vſage. Condamnons
ladite marquife de le rendre à feziere, &
pour les eſpices ordonnons qu'elle foncera
tout prefentement deux ragots pour eſtre
employez à la morfe pour la compagnie,
fçauoir vne menée de ronds pour abloquir
deux parfonds, à cauſe qu'il y à force eſpices, & vn combriez pour abloquir deux
gourplines de piuoye, & trois curmes
qu'elle meſme biſra attroller de la plus
prochaine piolle, & à deffaut de ne trouuer du piuoye, attrollera du doux beire,
& du reſte du michon quelque lopin de
criolle. Donné au Caſtus & creux du
grand haure le foir d'vne forgue, apres
la morfie fes iours & an que deſſus, Signé
Ph coupe iarret- Siluain, & Thibaut Garaut en qualité d'Archi-ſuppoſt.
M. Le Rechigneux, & C. le Souffreteux,
Ragonde, Trigonde Poicteuine.
Michau faóul d'ouurer, Greffier & Rece-
ueur de l'Abbaye de Sainct laſche.

Cour des miracles ou piolle franche, ou les argotiers, & les gueux font leur retraicte.

Apres vous auoir descrit la vie & les mœurs des Gueux & Argotiers, & le langage dont ils vsent iournellement entr'eux & pour n'estre entendus par le commun, & apres aussi vous auoir dépeint les inuentions & les ruses dont ils se seruent pour entretenir leur vie en la paresse & feneantise, i'ay trouué qu'il seroit à propos de vous faire quelque petit discours du lieu auquel il font retraicte.

Ce lieu s'appelle en leur iargon la Cour des miracles, ou piolle franche, & dont l'oste se nomme piollier francillon, entre les mains duquel ils mettent en depost tout ce qu'ils ont gaigné, car ils s'appellét gaigner quand ils ont couppé quelque bource, ou demeceint d'argent, ou desrobé quelque autre chose. Et est ditte Cour des miracles, d'autant que c'est le lieu ou toutes sortes de malades trouuét leur guarison, c'est là ou les aueugles recouurent clarté, les sourds & muets entendent & parlent, c'est le lieu ou ceux qui sont fretiques & estropiez de la ceruelle reuiennét en leurs bon sens, ou les paralitique reçoiuent vne entiere & saine disposition de leurs

leurs corps, l'hydropique est soulagé de son enfleure, la violente ardeur de la fiéure est esteinte le flux de sang estanché, & ou les impotens mesmes recouurent l'entier maniement de tous les membres, & en vn mot, c'est la vraye boutique d'esculape qui guerit toute sortes d'infirmitez & maladies Ce n'est donc pas sans subiet, qu'elle est ainsi nommée, puis que nous en voyons tous les iours les effects. Car la pluspart d'iceux paroissans beaucoup malades par les ruës ou dans les Eglises, estans reuenus en ceste Cour, ou piolle franche ils boiuent & mangent des mieux, & sont incontinent gueris de leurs maladies par la liqueur bachique qui leur sert d'antidote.

D'auantage ceste Cour rend ses Courtisans si libres & affranchis de tout soin des affaires du monde, qu'ils ne se soucient du futur iouyssent paisiblement du present, & selon leur gain font leur despence sans qu'il reste rien pour le lendemain. Sçachás bien que la prouidence diuine nourrit & alimente toutes les creatures de la terre, leur pouruoira de viande pour les rassasier Et craignant que ce qu'ils auroient de reserue n'inquietast en quelque façon leur repos lors qu'incontinent apres leur trauail ordinaire, & leur refection prise, le

F

sommeil se vient insensiblement glisser sur leurs paupieres, pour les faire ouyr de la douceur de ces charmes. Ils viuent dis-ie tellement enseuelis dans l'oisiueté (qui à bon droict est estimée la mere de toutes meschantes inuentions, la source & origines des vices & la pepiniere de tous maux) qu'ils prefereroient volontiers ceste maniere de vie à tous les contentemens & delices du monde si elles estoient accompagnées de quelque peu de trauail. Ie ne m'estendray d'auantage sur ce discours, craignant que quelque esprit leger qui auroit le iugemens de trauers ne vint à le censurer, & dire que ie voudrois en cela esteindre la charité des gens de bien envers les pauures : mais tant s'en faut que ie n'aye iamais eu vne seule pensée de la refroidir en quelque façon que ce soit, qu'au contraire si mes paroles auoient assez d'energie & d'efficace pour vous l'augmenter d'auantage, ie voudrois coudre les iours & les nuicts ensemble, pour les employer à vn si bon office. Mon intention n'estant pas aussi de parler de ces pauures desquels nostre Seig. fait mention en son Euangile. Mais bien de ceux qui errans & vacabons par le monde, sans aucune incommodité de leurs membres meinent vne vie du tout faineante & paresseuse, & comme freslons mangent le miel des abeilles, & toutefois ne font ne miel ne cire.

FIN.

La reioüissance des Argotiers sur la prise de la Rochelle.

Puisque l'Angluche qui estoit esgarée,
contrainte par la faim à esté attrimée
Il y aura du repos & plus de griue en France.
Et faudra aux ornies pour trimer des potences.
 Sus donc freres argotiers, selon nostre musique
Faut chanter gourdement au haure ce cantique
Honorant son sainct nom qui à beny les Armes
Du dasbuche François, malgré toutes alarmes
Commencez Raflichons Rupins & marcãdiers
Laboureux, vignerons & tous les Argotiers,
Entremellez vos chants ne faisant qu'vne langue
Afin de roulcailler la diuine loüange.
 O chenastre Seigneur, qui d'vne forte lousche
As fait humilier ceste Vergne farouche,
Dessus les paturons du dasbuche Louys,
L'aquigeant triompher dessus ses ennemis.
Nouzailles t'en rendons mille graces immortelle
Et à feziere soit gloire sempiternelle,
Que le ciel & la dure, & les sasbres & campagnes
Les cauernes rochers, & superbes montagnes.
 Te benissent à iamais accordant leur silence,
Ou le son de nos voix par grand resioüissance.
En te priant aussi de tousiours conseruer
La noble fleur de Lys, & de vouloir foncer.
Pour combler de bon heur & benedictions.
A son acb bienaymé de beaux petits myons,

Et generalement te prions pour les Princes,
Et chenastre Pharot des Vergees & Prouinces,
Et ceux qu'on a cosny basourdy à la griue
Qu'à teziere Seigneur eternellement viue.

FIN.

LVCQVE.

Nouzailles archisupost de la Monarchie argotique L̄ e l'authorité du grād Coesre fouquons pour Lucque authentiques à toutimes qu'il appartiendra Qu'auons mouchaillé le present liure intitulé. Le Iargon ou langage de l'Argot reformé &c. Et n'auōs trouué en iceluy que floutiere qui soit contraire à l'estat de cette dite Monarchie argotique. Ainsi l'auons trouué utile & profitable pour l'instruction de tous argotiers, & autres qui voudront enterver & rouscailler Bigorne, aquigé & passé dans vne Grenaste la huictiesme Calende de Feurier & luisans de Mardy Gras, en tesmoin dequoy auons signé les presentes.

FIACRE L'AMBALLEVR:

& PHILIBERT GANDALIN

www.ingramcontent.com/pod-product-compliance
Lightning Source LLC
LaVergne TN
LVHW020040090426
835510LV00039B/1325